Mes premiers Poche Larousse

Théo part en colo

Texte : Chadia Loueslati

Illustrations : Patrick Morize

LAROUSSE

Chouette, ce matin, Théo part en colo.
Maman est debout dès **l'aube**.

— Chéri, ta valise est prête, tes shorts sont **étiquetés**, tes chaussettes repassées, tes pansements rangés, ta bouée bien pliée... J'espère ne rien oublier !

Théo ne comprend pas pourquoi maman court encore partout dans la maison avec une pile de linge sur la tête, trois brosses à dents dans la bouche, une chaussette dans une main et la valise dans l'autre...

Elle est si **excitée** qu'elle en oublie
de mettre ses chaussures !
La voilà partie à la gare en chaussons.

Théo a un peu honte mais il ne veut pas que maman s'inquiète.
Alors, chut ! il se tait...

Maman lui fait encore mille **recommandations**.

N'oublie pas de rouler
ton linge sale,

lave-toi les oreilles,

mets bien ta crème solaire,

plie ton pyjama...

Théo promet tout ça et monte dans le train.
Mais maman monte aussi !
— Et n'oublie pas de te moucher,
dit-elle en le mouchant elle-même.

Théo veut dire à sa mère qu'il n'est plus
un bébé, mais il a peur de la **vexer**.
Quand le chef de gare siffle le départ du train,
sa maman le couvre de baisers.

Dans le wagon, Mathis fait le guignol.
Il imite la maman de Théo.
Tous les enfants rient et se moquent.

Théo, déjà, regrette.
La colo, c'est pas si chouette !

Soudain, le train ralentit. Mathis perd l'équilibre
et patatras ! il tombe dans l'allée.
Dans sa chute, il déchire son pantalon.
— Il-a-un-trou-aux-fesses ! entonnent les enfants.

Tout le monde éclate de rire ! Mais sans perdre de temps, Théo ouvre sa valise.

— *J'ai ce qu'il te faut !* dit-il.
Et il tend trois shorts à Mathis.
— Tiens, choisis !

À peine arrivés à la colo, tous les enfants sautent déjà dans l'eau... sauf Lina. Théo lui demande pourquoi.

— Je ne sais pas nager et les autres ont pris toutes les bouées.

— *J'ai ce qu'il te faut !* s'écrie Théo.
Et il court chercher sa bouée bien pliée.
— Maintenant, on va la gonfler.

Le lendemain, les monos disent :
— Aujourd'hui, on se déguise !
Mathis est en mini-chat, Lina en maxi-souris,
Théo en super-héros.
Mais Martin, lui, ne trouve rien.
— *J'ai ce qu'il te faut !* s'exclame Théo.

Et hop ! il fait tourbillonner son maillot bleu, son slip vert, ses chaussettes jaunes et son chapeau rayé.

— Et avec mes pansements collés sur le nez, tu vas être Biscotto, le clown le plus rigolo !

À la colo, Théo est un héros !
— Je n'ai pas de serviette !
— Et moi, je n'ai pas de lunettes !
— *J'ai ce qu'il vous faut !* répond toujours Théo.

— Je n'ai pas de collant !...
— Et moi je n'ai pas de gants !...
Et toc ! Théo aide les enfants !

Normal ! Avec une maman super **prévoyante**,
Il a *toujours tout ce qu'il faut* dans sa valise !

Toujours, toujours !
Sauf la fois où...
Cerise a perdu sa valise !

Promis, l'année prochaine,
IL PRENDRA DEUX VALISES !

Mon petit dico

l'aube (p. 2) : très tôt le matin ;
le moment de la journée juste avant
que le soleil se lève.

étiqueter (p. 3) : mettre une étiquette
sur un vêtement ou un objet.

être excité(e) (p. 6) : être énervé(e).

une recommandation (p. 8) : un conseil.

vexer quelqu'un (p. 11) : lui dire une parole
qui va le rendre triste, le blesser.

prévoyant (p. 23) : qui prévoit à l'avance,
qui pense à tout.